Alexandra von Plüskow-Kaminski

Das schnelle METHODEN 1x1 Deutsch

mit Arbeitsmaterialien

Cornelsen

Die Autorin des Bandes

Alexandra von Plüskow-Kaminski studierte das Lehramt für die Grund- und Hauptschule der Fächer Deutsch, Englisch und Religion. Seit 1998 ist sie Lehrerin an einer Grundschule und war lange Jahre als Fachberaterin für die Landesschulbehörde Lüneburg tätig. Derzeit arbeitet sie als Koordinatorin des Sprachbildungszentrums Lüneburg.

Projektleitung: Renate Wachinger, Berlin
Redaktion: Barbara Holzwarth, Gröbenzell/München
Umschlagkonzept / -gestaltung: Ungermeyer, Berlin
Grafik: Liliane Oser, Hamburg
Layout / technische Umsetzung: fotosatz griesheim GmbH

www.cornelsen.de

4. Auflage, 2. Druck 2023

Druck: AZ Druck und Datentechnik GmbH, Kempten

ISBN 978-3-589-15762-4

PEFC-zertifiziert
Dieses Produkt stammt aus nachhaltig bewirtschafteten Wäldern und kontrollierten Quellen
www.pefc.de

PEFC
PEFC/04-31-2260

Liebe Kolleginnen und Kollegen,

der Deutschunterricht in der Grundschule stellt Lehrkräfte heutzutage vor vielfältige Aufgaben. Neben den Kernkompetenzen, die es zu vermitteln gilt, sollen alle Schülerinnen und Schüler individuell gefördert und gefordert werden sowie Freude am Deutschunterricht ausbilden. Doch, wie werden wir allen Kindern einer heterogenen Lerngruppe gerecht?
„Das schnelle Methoden 1 x 1 Deutsch" liefert Ihnen 35 abwechslungsreiche und motivierende Methoden aus den Bereichen *Sprechen und Zuhören, Schreiben, Lesen/Mit Texten und Medien umgehen* sowie *Sprache und Sprachgebrauch untersuchen*. Sie lassen sich ohne aufwändige Vorbereitung im Unterrichtsalltag umsetzen und vor allem auf die jeweilige Lerngruppe anpassen. Greifen Sie diese Anregungen regelmäßig in Ihren Deutschstunden auf, so behalten Sie stets das einzelne Kind im Blick und können es individuell auf seinem Lernweg begleiten.

Viel Freude bei der Anwendung der Methoden im differenzierten Deutschunterricht wünscht Ihnen

Alexandra v. Plüskow

Hinweis: Sie können die Materialseiten auf dem Kopierer auf 141 % vergrößern, um eine DIN-A4-Seite zu erhalten.

→ Hörtexte

Ziel der Methode
Trainieren des verstehenden Zuhörens

Einsatzmöglichkeiten
Die Methode eignet sich als Einstieg und Aufwärmungsübung für den Deutschunterricht.

Material
Hörtext, CD, CD-Spieler

Vorbereitung
geeignete Hörtexte aussuchen, CD-Spieler arrangieren

Sozialform(en)	Stufe
Klassenverband	1–4

Beschreibung
Zur Anwendung der Methode „Hörtexte" sucht die Lehrkraft zunächst altersangemessene und für die Lerngruppe interessante Texte als Hörbeispiele aus, wahlweise zu einem Sachthema oder zu einer bekannten Kinderbuchfigur. Einführend erzählt die Lehrkraft etwas zum jeweiligen Hörstück, beispielsweise nennt sie das Thema oder den Namen der literarischen Figur, um die es geht. Dann aktiviert sie das Vorwissen der Schülerinnen und Schüler, indem sie ihnen die Möglichkeit gibt, sich spontan zum Erzählten zu äußern. Anschließend hören die Schülerinnen und Schüler das Hörstück. Sie vergleichen das Gehörte mit dem von ihnen Antizipierten und äußern sich frei zum Text. Hierbei tauschen sie ihre Gedanken aus.

Tipp Wählen Sie zunächst Hörbeispiele zu bekannten Figuren aus, so fällt es den Kindern leichter, sich auf den Hörtext einzulassen.

Varianten
- Bieten Sie Impulswörter an, die beim Aktivieren des Vorwissens unterstützen.
- Stoppen Sie den Hörtext abschnittsweise, um den Kindern die Möglichkeit zu geben, das Gehörte zu resümieren.

→ Fragen und Antworten

Ziele der Methode
freies Erzählen zu Fragen, Trainieren der Gesprächsregeln

Einsatzmöglichkeiten
Die Methode eignet sich als Einstieg und Aufwärmungsübung für den Deutschunterricht.

Material
Dose mit Papierstreifen, auf denen Fragen stehen

Vorbereitung
Papierstreifen mit Fragen vorbereiten (siehe Kopiervorlage bzw. zusätzliche eigene Fragen) und in einer Dose sammeln

Sozialform(en)	Stufe
Klassenverband	2–4

Beschreibung
Die Kinder sitzen im Kreis. Die Lehrkraft zeigt die Dose, in der Papierstreifen mit Fragen enthalten sind, die sich auf Vorlieben und Abneigungen der Kinder beziehen (siehe Kopiervorlage). Ein Kind wird aufgefordert, eine Frage zu ziehen. Es sucht sich dann ein anderes Kind aus, das diese beantworten soll. Das antwortende Kind zieht die nächste Frage – und sucht sich erneut ein Kind aus, das die Antwort formulieren soll. Wichtig ist an dieser Stelle, dass die Kinder sich an die Gesprächsregeln halten: Wenn ein Kind spricht, sind die anderen leise und hören zu usw. Die Lehrkraft entscheidet, wann das Spiel beendet wird.

Tipp Stellen zunächst Sie die Fragen an die Kinder, um so das Fragestellen und Antworten einzuführen.

Varianten
- Beziehen Sie schrittweise Fragen der Kinder ein. So entsteht ein individueller Fragenkatalog der jeweiligen Klasse.
- Stellen Sie auf eine Antwort hin weiterführende Fragen, etwa: Wen möchtest du gerne einmal treffen? – Warum? – Was würdet ihr gemeinsam unternehmen?

Kopiervorlage

Was isst du am liebsten?

Wohin möchtest du gerne reisen?

Was magst du lieber – das Meer oder einen Badesee?

Welche Frucht sieht am schönsten aus?

Was ist dein Lieblingstier?

Wen möchtest du gerne einmal treffen?

Welchen Sport magst du?

Welche Speise hast du schon einmal gekocht?

Wie heißt dein Lieblingsbuch?

Welche ist deine Lieblingsfarbe?

Schläfst du lange – oder bist du früh wach?

→ Ich bin ich

Ziel der Methode
freies Erzählen zur eigenen Person

Einsatzmöglichkeiten
Die Methode eignet sich als Einstieg, vor allem bei Lerngruppen, die die Lehrkraft noch nicht kennt.

Material
Plakat, dicke Filzstifte (Alternative: Tafel)

Vorbereitung
evtl. Plakat vorbereiten

Sozialform(en)
Klassenverband, Einzelarbeit

Stufe
3–4

Beschreibung
Die Kinder sitzen im Kreis. Die Lehrkraft präsentiert ein Plakat mit den Buchstaben eines Namens, die untereinander angeordnet sind (alternativ kann dies an der Tafel dargestellt werden). Beispielsweise kann dazu der Name des Klassenmaskottchens verwendet werden. Daneben notiert die Lehrkraft Wörter, die mit diesen Buchstaben beginnen und zu der Person passen, z. B.:
C – haotisch   A – pfel   R – ennen   L – ustig
Anschließend erzählt die Lehrkraft eine Geschichte zu der Person:
Das ist Carl. Er ist zwar chaotisch, aber lustig. Er isst zur Brotzeit gerne einen Apfel. Und er mag es, zu rennen.
In Einzelarbeit erarbeiten die Kinder Wörter und Geschichten zu ihrem Namen und stellen ihre Ergebnisse in der Lerngruppe vor.

Tipp Stellen Sie differenzierend alphabetisch sortiertes Wortmaterial bereit. Das hilft bei der Suche nach passenden Begriffen und beim Erzählen.

Variante Die Schülerinnen und Schüler suchen sich eine Partnerin oder einen Partner und stellen sich zunächst gegenseitig unter vier Augen vor. Anschließend stellen sie jeweils den anderen der Lerngruppe vor.

→ Philosophieren mit Kindern

Ziele der Methode
freies Erzählen zu philosophischen Fragen, Argumentieren

Einsatzmöglichkeiten
Die Methode eignet sich als Einstieg und Aufwärmungsübung für den Deutschunterricht.

Material
Packpapier, Stifte, Fragekarten, evtl. Folie/OHP

Vorbereitung
evtl. Fragekarten auf Folie kopieren (siehe Kopiervorlage)

Sozialform(en)
Kleingruppen

Stufe
3–4

Beschreibung

Die Lernenden bilden kleine Gruppen von drei bis vier Kindern. Sie halten Packpapierbögen und Stifte bereit.
Die Lehrkraft liest entweder eine philosophische Frage vor oder sie hat diese auf Folie gezogen und präsentiert sie mithilfe des OHP. In letzterem Fall liest ein Kind die Frage laut vor. Zunächst werden die Antworten auf die Frage exemplarisch im Plenum besprochen. Daraufhin erörtern die Kleingruppen die Fragestellung und halten ihre Gedanken und Begründungen auf einem Plakat fest. Die Plakate werden abschließend in der gesamten Lerngruppe vorgestellt und besprochen.

Tipps

- Geben Sie den Kindern ausreichend Zeit, um in der Kleingruppe zu arbeiten (ca. 10 Minuten).
- Teilen Sie die Gruppen für die Dauer eines Schulhalbjahres fest ein. So können Sie zu Beginn jeder Stunde unmittelbar philosophieren.

Variante

Lassen Sie die Kinder eigene Fragen formulieren und kleben Sie diese in eine Kladde. Die Kinder können im Rahmen der Freiarbeit Antworten dazu schreiben.

Kopiervorlage

Können Tiere glücklich sein?

Welche Farbe hat die Liebe?

Welche Farbe hat die Trauer?

Wie viel kostet ein schönes Wort?

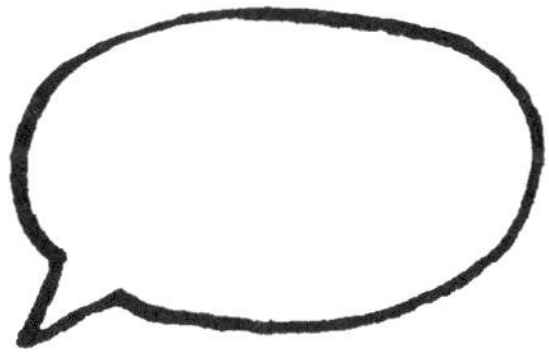

Was ist dir teuer?

Wer ist stärker – der Elefant oder die Fliege?

Was würdest du tun, wenn du einen Tag lang König oder Königin wärst?

Wie lange dauert ein schöner Moment?

Alexandra von Plüskow-Kaminski | Das schnelle Methoden 1x1 Deutsch | Illustrationen: Liliane Oser

→ Über die eigene Lernbiografie sprechen

Ziele der Methode
Reflektieren über die eigene Lernbiografie, Finden und Artikulieren von persönlichen Lernzielen

Einsatzmöglichkeiten
Die Methode ermöglicht es den Schülerinnen und Schülern, sich mit der eigenen Lernbiografie auseinanderzusetzen. Sie wird beispielsweise am Ende einer Lerneinheit eingesetzt.

Material
Reflexionsbogen (siehe Kopiervorlagen)

Vorbereitung
Reflexionsbogen vervielfältigen (siehe Kopiervorlagen)
Da die Methode in Einzelarbeit gemeinsam mit der Lehrkraft angewendet wird, muss für die anderen Schülerinnen und Schüler eine freie Arbeit angeboten werden.

Sozialform(en)
Einzelarbeit mit der Lehrkraft

Stufe
1–4

Beschreibung
Die Kinder sitzen im Kreis. Die Lehrkraft kündigt die Methode an, indem sie erklärt, dass sie im Folgenden mit einzelnen Schülerinnen und Schülern über deren Lernbiografien sprechen wird.
Zur Durchführung der Methode erhalten die jeweiligen Lernenden den zu ihrer Klassenstufe passenden Reflexionsbogen, welchen sie zunächst eigenständig ausfüllen.
Im Rahmen eines Vieraugengesprächs mit der Lehrkraft wird dieser Bogen anschließend individuell besprochen und ausgewertet. Die Schülerinnen und Schüler stecken sich eigene Ziele, begründen diese und halten sie schriftlich fest.

Tipp Üben Sie das Reflektieren des eigenen Lernstandes in regelmäßigen Abständen bereits von der ersten Klasse an. Lassen Sie etwa mithilfe von Klebepunkten die Aufgabe bestimmen, die am leichtesten fiel – und mit einem Klebepunkt in einer anderen Farbe die Aufgabe, die nicht so leicht fiel.

Varianten

- Gespräche über das eigene Lernen lassen sich auch fächerübergreifend oder fächerverbindend gestalten. Etwa im Sachkunde- und Religionsunterricht. Im Englischunterricht der Grundschule wird gerne mit sogenannten Treasure Books gearbeitet, in denen die Schülerinnen und Schüler ihre Lernergebnisse sammeln.

So lerne ich (Klasse 1)

	☺	😐	☹
Ich lese: So gefällt es mir:			
Den Buchstaben kann ich lesen.			
Den Buchstaben kann ich schreiben.			
Ich habe diesen Text gelesen: So gefällt er mir:			

So lerne ich (Klasse 3–4)

In dieser Woche habe ich mich mit folgendem Thema beschäftigt:

____

Das fiel mir dabei besonders leicht:

____

____

Das möchte ich noch üben:

____

____

In ______________ Wochen möchte ich gerne Folgendes können:

____

____

Mein Höhepunkt der Woche:

→ Artikulationsübungen

Ziel der Methode
Trainieren der Artikulation

Einsatzmöglichkeiten
Die Methode eignet sich zur Auflockerung im Deutschunterricht.

Material
Aufgabenkarten (siehe Kopiervorlage), Korken, Wattebausch

Vorbereitung
Aufgabenkarten vorbereiten (siehe Kopiervorlage), Materialien bereitstellen

Sozialform(en)
Kleingruppen

Stufe
1–4

Beschreibung
Um vor einer Lerngruppe gut und verständlich sprechen zu können, ist eine ausgeprägte Artikulationsfähigkeit von besonderer Bedeutung. Die klassischen Übungen des Korkensprechens, des Wattepustens und der Zungenbrecher machen Spaß und trainieren diese Fähigkeit ganz nebenbei.

Tipps

- Halten Sie kleine Boxen mit den Materialien stets im Klassenraum bereit, sodass Schülerinnen und Schüler, die Aufgaben abgeschlossen haben, sich damit beschäftigen können.
- Zungenbrecher lassen sich ab etwa Mitte der zweiten Klasse einsetzen, wenn die Schülerinnen und Schüler selbstständig lesen.

Variante Variieren Sie die Zungenbrecher von Zeit zu Zeit.
Eine Auswahl finden Sie beispielsweise in dem Kinder-Web-Magazin „Zzzebra" unter dem Suchbegriff „Zungenbrecher".

Kopiervorlage

Aufgabenkarte: Korkensprechen

Suche dir einen Text aus deinem Lesebuch oder aus der Lesekartei heraus.
Lies diesen laut für dich.
Nimm nun einen Korken und stecke ihn zwischen die Schneidezähne.
Sprich den Text mit dem Korken im Mund.
Was fällt dir auf?

Aufgabenkarte: Wattepusten

Hierfür brauchst du einen Partner oder einer Partnerin. Nehmt euch einen Wattebausch und legt diesen in die Tischmitte zwischen euch. Stellt euch nun an gegenüberliegenden Tischenden auf. Jetzt pustet ihr kräftig.
Wer zuerst den Wattebausch über die Tischhälfte des Mitspielers oder der Mitspielerin ins „Aus" pustet, hat gewonnen.

Aufgabenkarte: Zungenbrecher

Sprich diese Zungenbrecher.

Die Katze tritt die Treppe krumm. Krumm tritt die Katze die Treppe.

Blaukraut bleibt Blaukraut und Brautkleid bleibt Brautkleid.

Fischers Fritz fischt frische Fische. Frische Fische fischt Fischers Fritz.

Sprich die Zungenbrecher nun mit einem Korken im Mund.

→ Wörterkette

Ziele der Methode
Erweiterung des Wortschatzes, Förderung der Reaktionsfähigkeit

Einsatzmöglichkeiten
Die Methode eignet sich als Einstieg und Aufwärmungsübung für den Deutschunterricht. Sie dient ebenso als Auflockerungsübung.

Material
Kopiervorlage

Vorbereitung
Kopiervorlage vervielfältigen

Sozialform(en)	Stufe
Klassenverband, Kleingruppen	3–4

Beschreibung

Arbeiten Sie zunächst mit der Kopiervorlage. In Kleingruppen nehmen sich die Schülerinnen und Schüler die einzelnen Aufgaben vor, um sich auf das Thema „Wortfeld" einzustimmen.
Dann geht es in den Stuhlkreis. Eine Schülerin oder ein Schüler nennt ein Wort. Die anderen Kinder äußern Begriffe, die sie dazu assoziieren.
Beispiel: *Buch – Schule – Glocke – Pause – …*
Nach jedem vierten Wort wird die Thematik gewechselt. Das Kind, welches dann an der Reihe ist, muss ein Wort zu einem anderen Thema nennen.
Beispiel: *Buch – Schule – Glocke – Pause –* ***Zoo*** …
Danach werden weitere Wörter passend zum neuen Begriff genannt:
Beispiel: *Zoo – Elefant – Rüssel – Nase – …*
Und das fünfte Wort muss wieder zu einem neuen Thema gehören.

Tipp Üben Sie das Wechseln der Themen erst einmal einzeln beispielsweise nach Wortpaaren: *Topf – Herd – Buch / Buch – Buchstabe – Glas.*

Variante Mithilfe der Methode können ganze Wortfelder trainiert werden. Dann bleibt man jedoch bei einem Thema: *Laufen: Laufschuhe – Wettlaufen …*

Kopiervorlage

1. Finde im Wörtergitter neun Wörter zum Thema „Spielen“.
   Schreibe die Wörter auf die Linien.

N	B	A	L	L	D	G	H	K	F	F	K	L
K	F	S	A	H	K	Ö	Ä	S	A	N	D	D
U	C	F	U	D	F	R	E	U	N	D	T	D
G	S	F	F	V	S	G	L	P	G	E	F	W
I	F	Z	E	D	A	F	E	D	E	F	V	E
R	J	F	N	D	D	G	L	Ä	N	H	H	R
N	Ö	B	F	R	U	T	S	C	H	E	K	F
D	G	K	G	S	H	K	F	F	L	G	Ö	E
G	W	F	S	G	J	L	L	R	G	S	D	N
S	P	I	E	L	P	L	A	T	Z	L	Ö	G
D	F	G	Ö	P	K	Ä	Y	F	V	E	P	P
S	C	H	A	U	K	E	L	F	B	H	J	H

____

____

____

2. Setze die Wörterreihen fort.

Apfel – Banane – __________ – __________ – __________

Straße – Auto – __________ – __________ – __________

frostig – warm – __________ – __________ – __________

rufen – singen – __________ – __________ – __________

Freude – traurig – __________ – __________ – __________

3. Welches Wort passt nicht in die Reihe? Streiche es durch.

Gras – blühen – Haus – grün – Baum

Ente – See – Entengras – quaken – wiehern

→ Brainstorming

Ziel der Methode
Sammeln von Ideen

Einsatzmöglichkeiten
Die Methode eignet sich beim Schreiben eines eigenen Textes als Einstieg.

Material
Tafel, evtl. Karteikarten und Stifte

Vorbereitung
keine

Sozialform(en)	Stufe
Klassenverband, Kleingruppen, Einzelarbeit	2–4

Beschreibung
Bevor die Schülerinnen und Schüler einen Text schreiben, sollten sie zunächst einmal Ideen zum Thema sammeln. Hierfür eignet sich die Methode des Brainstormings, auch Gedankenschwarm genannt.
Die Lehrkraft schreibt das Thema in Form eines Begriffs oder kurzen Satzes an die Tafel. Die Schülerinnen und Schüler nennen spontan, was ihnen dazu einfällt. Parallel hierzu notiert die Lehrkraft die Schüleräußerungen ungeordnet an der Tafel.
Alternativ können die Ideen auch in kleinen Gruppen oder in Einzel- oder Partnerarbeit gesammelt werden.

Tipp Warten Sie ruhig die spontanen Äußerungen Ihrer Schülerinnen und Schüler ab. Nach und nach wird eine ausreichende Anzahl passender Begriffe zusammengetragen werden, ohne dass Sie in das Geschehen eingreifen müssen.

Variante Lassen Sie die Schülerinnen und Schüler einzelne Begriffe, die ihnen zum Thema einfallen, auf Karteikarten notieren. Diese Karteikarten werden abschließend zu einer großen Collage zusammengefügt.

→ Mindmap

Ziel der Methode
Ordnen von Ideen

Einsatzmöglichkeiten
Die Methode eignet sich zum Ordnen von Schreibideen vor dem Schreiben eines eigenen Textes.

Material
Tafel, Papier, Stifte

Vorbereitung
keine

Sozialform(en)	*Stufe*
Klassenverband, Kleingruppen, Einzelarbeit	2–4

Beschreibung
Sind einzelne Schreibideen in Form von Begriffen gefunden – etwa durch das Brainstorming (siehe Seite 20) –, so müssen diese, bevor man mit dem Schreiben beginnt, geordnet werden. Gut gelingt dies, wenn eine Mindmap angelegt wird, in der das Thema in der Mitte steht und astförmig Begriffe von diesem abgeleitet werden. Ein weiterer Ansatz ist es, die Begriffe auf Karteikarten zu notieren und die Karten einander oder passenden Oberbegriffen zuzuordnen.

Tipp Lassen Sie die Schülerinnen und Schüler die Mindmap in Kleingruppenarbeit erarbeiten. Die Kinder geben sich dabei gegenseitig Impulse und regen sich an, die Thematik zu vertiefen.

Variante Halten Sie im Klassenraum ein Poster mit dem Bild eines Baumes bereit, in dem Sie zu Beginn der Woche ein Thema notieren. Gemeinsam werden die Äste des Baumes mit passenden Oberbegriffen beschriftet. Die Schülerinnen und Schüler schreiben im Verlauf der Woche Begriffe auf Karteikarten und sortieren diese den einzelnen Ästen zu. In den ersten oder letzten fünf Minuten einer jeden Stunde wird der Baum gemeinsam betrachtet und ggf. verändert.

→ Angeleitetes Schreiben zu einem Bild

Ziel der Methode
zum Schreiben anregen

Einsatzmöglichkeiten
Die Methode eignet sich dazu, in Einzel- oder Partnerarbeit frei Texte mithilfe eines Schreibanlasses zu verfassen.

Material
Bildimpuls, Karteikarten

Vorbereitung
Die Schülerinnen und Schüler müssen mit dem freien Schreiben vertraut gemacht werden. Sie sollen mithilfe von Reizwörtern eigene kleine Texte schreiben können.
Bildimpuls auswählen und Kopiervorlage vervielfältigen

Sozialform(en)	Stufe
Einzelarbeit/Partnerarbeit	2–4

Beschreibung
Die klassische Methode, einen Text zu einem Bild zu verfassen, wird von der Lehrkraft angekündigt. Dann präsentiert sie das ausgewählte Bild bzw. die Bilder im Stuhlkreis oder im Kinositz. Es folgt ein Gespräch mit den Schülerinnen und Schülern über den optischen Impuls. Dabei werden einige Assoziationen stichwortartig auf Karteikarten festgehalten. Diese dienen später beim Schreiben als differenzierende Hilfswörter. Anschließend erhalten die Kinder das Arbeitsblatt, auf dem zusätzlich zum Bildimplus ein Schreibanfang als Hilfestellung angeboten wird. Sie bearbeiten dieses mithilfe der Wörter auf den Karteikarten in Einzel- oder Partnerarbeit. Zum Schluss werden die Ergebnisse der Schülerinnen und Schüler im Plenum vorgestellt.

Tipp Wenden Sie bereits im ersten Schuljahr das Erzählen zu Bildern fortlaufend im Unterricht an. Nach und nach verfassen Ihre Schülerinnen und Schüler eigene kleine Texte zu diesen Bildern – zunächst mit Hilfswörtern, später eigenständig.

Varianten

- Nach dem Schreiben der Texte sammeln die Schülerinnen und Schüler weitere Bilder zur Thematik. Diese Bilder dienen als Schreibanlässe im Rahmen der Freiarbeit.
- Fächerverbindend erarbeiten die Schülerinnen und Schüler eigene Bilder zu ihren Texten. Die Bilder und Texte sowie das Originalbild werden anschließend ausgestellt.
- Die Lehrkraft kann die Kinder in diesem Zusammenhang auch dazu anregen, Bilder eines ganz bestimmten Künstlers zu suchen und eine Art Fundus seiner Werke zusammenzustellen.
- Schülerinnen und Schüler, die noch Schwierigkeiten mit dem Schreiben einer Erzählung haben bzw. die sich vom Bild eher zu einem Gedicht inspiriert fühlen, dürfen auch ein Elfchen zum Bild verfassen (vgl. Seite 25).

Kopiervorlage

Fabelwesen

Fotolia © mihi

Es war an einem Sonntagnachmittag. Gemeinsam mit seinen Eltern ging Lorenz im nahe gelegenen Wald spazieren. Es kam ihm vor, als ob er jeden Baum, jeden Strauch kennen würde. Lorenz bückte sich, um seine Schnürsenkel zuzubinden. Immer gingen sie auf! Doch – was war das? Aus dem Baum neben ihm flüsterte es auf einmal …

→ Elfchen und Haiku

Ziel der Methode
zum Schreiben anregen

Einsatzmöglichkeiten
Die Methode eignet sich dazu, in Einzel- oder Partnerarbeit Texte nach einem vorgegebenen Schema zu verfassen.

Material
Impuls (Bild, Musikstück), Kopiervorlagen, evtl. Wortmaterial

Vorbereitung
Die Schülerinnen und Schüler müssen mit Gedichten vertraut gemacht werden. Sie sollten die Gedichtformen Elfchen und Haiku kennen.
Impuls auswählen und Kopiervorlagen vervielfältigen

Sozialform(en)	Stufe
Einzelarbeit	2–4

Beschreibung
Die Gedichtform Elfchen können bereits Kinder der zweiten Jahrgangsstufe selbst verfassen, währenddessen der Haiku im Kompetenzbereich Schreiben eher ab der vierten Jahrgangsstufe eingesetzt werden sollte. Drittklässlerinnen und Drittklässler können sich am Haiku im Rahmen der Differenzierung versuchen.
Die Lehrkraft teilt einen Impuls aus – etwa ein Bild – oder spielt ein Musikstück vor. Anschließend fordert sie die Schülerinnen und Schüler auf, ein Gedicht dazu zu verfassen. Beispielhaft nennen einzelne Schülerinnen und Schüler, welche Thematik sie beschreiben möchten. An der Tafel werden daraufhin gemeinsam passende Begriffe zu der Musik oder zu dem Bild gesammelt – Nomen, Verben und Adjektive. Mit diesem Wortmaterial schreiben die Kinder eigene Elfchen.
Die Gedichte werden schließlich vor der Lerngruppe präsentiert. Es bietet sich ferner an, ein Buch aus den Gedichten der Schülerinnen und Schüler zu gestalten, das in der Klasse ausgestellt wird.

Variante Sie können den Schülerinnen und Schülern Wort- bzw. Silbenmaterial in kleinen Dosen oder in Umschlägen anbieten. Diese Wörter helfen ihnen beim Schreiben.

Kopiervorlage

Mein Elfchen

Das Thema meines Elfchens: ______________________________

Wortmaterial für mein Elfchen:

____

____

____

Verfasse ein Elfchen nach folgendem Schema:

Überschrift: ______________________________

1. Zeile: 1 Wort: ______________________________

2. Zeile: 2 Wörter: ______________________________

3. Zeile: 3 Wörter: ______________________________

4. Zeile: 4 Wörter: ______________________________

5. Zeile: 1 Wort: ______________________________

Male hier ein Bild zu deinem Elfchen:

Mein Haiku

Das Thema meines Haikus: ______________________

Wortmaterial für meinen Haiku:

____

____

____

Verfasse einen Haiku nach folgendem Schema:

Überschrift: ______________________

1. Zeile: 5 Silben: ______________________

2. Zeile: 7 Silben: ______________________

3. Zeile: 5 Silben: ______________________

Male hier ein Bild zu deinem Haiku:

→ Klassenbriefkasten

Ziel der Methode
zum Schreiben anregen

Einsatzmöglichkeiten
Die Methode eignet sich dazu, in Einzelarbeit Ereignisse oder eigene Erlebnisse schriftlich festzuhalten.

Material
Stifte, Papier, Briefkasten

Vorbereitung
Die Schülerinnen und Schüler verständigen sich über den Umgang mit dem Klassenbriefkasten und halten die Regeln schriftlich fest.
Es liegen ausreichend Papier und Stifte bereit, sodass der Klassenbriefkasten spontan genutzt werden kann.

Sozialform(en)	Stufe
Einzelarbeit, Klassenverband	1–4

Beschreibung
Mithilfe des Klassenbriefkastens verständigen sich die Schülerinnen und Schüler untereinander über Ereignisse oder Erlebnisse, die sie persönlich und/oder die Klassengemeinschaft betreffen. Dies geschieht in schriftlicher Form zunächst in Einzelarbeit, später dann in auswertender und erörternder Form mündlich in der gesamten Lerngruppe. Einen einfachen Umgang mit dem Klassenbriefkasten können bereits Kinder der ersten Jahrgangsstufe trainieren.
Zunächst erklärt die Lehrkraft, wozu der Klassenbriefkasten dient und wie er benutzt wird. Dann wird gemeinsam mit den Kindern der Umgang mit diesem Medium festgelegt. Hierbei sollte an erster Stelle stehen, dass der Klassenbriefkasten nur für ernst gemeinte Post verwendet werden darf. Kinder oder Lehrkräfte sollten durch Briefe nicht verbal verletzt werden. Eine feste Zeit zur Öffnung des Briefkastens – etwa immer am Freitag in der letzten Stunde – wird vereinbart. Wichtig ist, dass die Regeln schriftlich fixiert und von allen Kindern unterschrieben werden. Dies ist das Zeichen dafür, dass alle mit den Vereinbarungen einverstanden sind und an der Entscheidungsfindung beteiligt wurden. Während des Schultages können die Kinder den Klassenbriefkasten nutzen.

Tipps

- Stellen Sie den Klassenbriefkasten an einem festen Ort auf, der für alle Schülerinnen und Schüler gut zugänglich ist.
- Sie sollten einen festen Termin vereinbaren, an dem der Klassenbriefkasten geöffnet wird. Die Abstände zwischen diesen „Leerungen" sollten nicht zu lang sein, da ansonsten zu viel Post eingeht, die bearbeitet werden muss.
- Beschriften Sie den Klassenbriefkasten mit den vereinbarten Regeln und den Zeiten der Leerung.
- Verweisen Sie in den Klassengesprächen, in denen die Briefe erörtert werden, auf die in der Klasse vereinbarten Gesprächsregeln. Von Zeit zu Zeit sollte auch darüber reflektiert werden, ob die Regeln überarbeitet/ergänzt werden müssen.
- Halten Sie einen Termin fest, an dem Sie gemeinsam mit den Schülerinnen und Schülern das Ergebnis des Besprochenen fixieren möchten.

→ Texte besprechen und überarbeiten

Ziel der Methode
Überarbeiten von Texten

Einsatzmöglichkeiten
Die Methode eignet sich dazu, in Partnerarbeit sowie in Gruppenarbeit Texte gemeinschaftlich zu reflektieren und zu überarbeiten.

Material
Schülertexte

Vorbereitung
Die Schülerinnen und Schüler schreiben eigene Texte.
Kopiervorlage vervielfältigen

Sozialform(en)
Partnerarbeit/Gruppenarbeit

Stufe
3–4

Beschreibung
Das Reflektieren und Überarbeiten eines Textes findet in Partner- oder Gruppenarbeit statt, wobei das Kind, welches den Text verfasst hat, sich einen Partner suchen bzw. die Gruppe zusammenstellen darf. Zunächst liest die Verfasserin oder der Verfasser den Text vor, die anderen Gruppenmitglieder äußern sich hierzu kurz spontan. Danach wird der Text Satz für Satz vorgelesen und besprochen. Die Kriterien erarbeiten die Kinder zuvor gemeinsam mit der Lehrkraft in Form eines Feedbackbogens. Dieser kommt im Rahmen der Partner- bzw. Gruppenarbeit zum Einsatz. Nach dem ausführlichen Feedback des Partners bzw. der Gruppe überarbeitet der Verfasser den Text.

Tipp Legen Sie gemeinsam Kriterien für „gute Texte" fest. Diese Kriterien sollten für alle Schülerinnen und Schüler sichtbar in der Klasse aushängen, z. B.: Verwende die wörtliche Rede. / Finde treffende Adjektive. / Denke an die Teile: Einleitung, Hauptteil, Schluss.

Variante Üben Sie das Bewerten von Texten mithilfe grüner (hat mir gut gefallen) und blauer (Verbesserungsmöglichkeiten) Klebepunkte.

Kopiervorlage

Meine Anregungen für deinen Text

Besonders gut hat mir gefallen, dass …

Ich habe die folgenden Fragen an dich und deinen Text:

Diese Dinge könntest du in deinem Text noch ändern:

→ Schreibgespräch

Ziel der Methode
Reflektieren und Überarbeiten von Texten

Einsatzmöglichkeiten
Die Methode eignet sich dazu, in einer kleinen Gruppe über einen Schülertext zu reflektieren, der anschließend überarbeitet wird.

Material
Schülertexte, farbige Stifte, Plakat

Vorbereitung
Die Schülerinnen und Schüler schreiben eigene Texte.
Material bereitlegen

Sozialform(en)	Stufe
Kleingruppen	3–4

Beschreibung
Die Schülerinnen und Schüler bilden kleine Gruppen, in denen jeweils ein Schülertext besprochen wird. Der Verfasser liest seinen Text vor und die anderen Schülerinnen und Schüler hören aufmerksam zu. Jeder Zuhörer ist mit einem Stift in einer zuvor vereinbarten individuellen Farbe ausgestattet. In der Mitte liegt ein Plakat. Auf diesem Plakat notieren die Zuhörerinnen und Zuhörer nach dem Vortrag ihre Fragen und Gedanken zum Text. Das vortragende Kind erhält die Gelegenheit, diese schreibend zu beantworten. Sollten sich daraus wiederum Fragen ergeben, so notieren die Zuhörerinnen und Zuhörer diese erneut.
Die Anregungen auf dem Plakat nutzt der Verfasser dazu, seinen Text zu überarbeiten.

Tipp Die Gruppen sollten nicht zu groß sein. Es sollten höchstens vier Kinder zusammenarbeiten.

Variante Die Gedanken und Fragen der Zuhörerinnen und Zuhörer können alternativ auf kleinen Sprechblasen notiert werden. Diese werden dann auf das Plakat geklebt und individuell beantwortet.

→ Buchstabenecke

Ziel der Methode
Kennenlernen und Anwenden des Schriftbildes

Einsatzmöglichkeiten
Die Methode eignet sich für den Einsatz in der Freiarbeit.

Material
Buchstabenmaterial (Seile, Buchstabenkarten, Kopiervorlage)

Vorbereitung
Buchstabenecke mit Materialien einrichten, Kopiervorlage vervielfältigen

Sozialform(en)	*Stufe*
Partnerarbeit	1–2

Beschreibung
Die Buchstaben zu schreiben, sollten alle Schülerinnen und Schüler auf möglichst vielfältige Weise üben. Hierzu sollte im Klassenzimmer in der „Buchstabenecke" ein breites Repertoire an Materialien bereitstehen, sodass die Kinder die folgenden Übungen eigenständig umsetzen können.

- Eine Schülerin oder ein Schüler legt mit einem oder mehreren Seilen auf dem Boden einen Buchstaben. Das andere Kind geht diesen Schritt für Schritt ab. Anschließend wird getauscht.

- Ein Kind setzt sich mit dem Rücken zu seinem Partnerkind. Dieses schreibt ihm mit dem Zeigefinger einen Buchstaben oder ein kurzes Wort auf den Rücken. Das Kind versucht, zu erraten, um welchen Buchstaben es sich handelt.

- Eine Schülerin oder ein Schüler spricht mit deutlichen Lippenbewegungen, aber stumm, ein Wort. Das andere Kind nennt das Wort und sucht aus den Buchstabenkarten oder anhand der Schreibtabelle den Buchstaben heraus, mit dem das Wort beginnt.

- Buchstabenseiten gestalten
  Die Kinder nehmen sich eine Kopiervorlage „Mein Lieblingsbuchstabe". Sie schreiben ihren Lieblingsbuchstaben in die Mitte und malen möglichst viele Dinge oder Tiere darum herum, deren Namen mit diesem Buchstaben beginnen.

Tipp Im Rahmen der differenzierenden Arbeit können Sie dieses Material gut bei Schülerinnen und Schülern einsetzen, die Schwierigkeiten haben, sich das Schriftbild zu erarbeiten.

Variante Suchen Sie Gegenstände im Klassenzimmer und bitten Sie die Kinder, die Buchstaben zu nennen, mit denen die zugehörigen Wörter beginnen. Die Kinder heften anschließend die Anfangsbuchstaben zu den Gegenständen.

Kopiervorlage

Mein Lieblingsbuchstabe

1. Schreibe deinen Lieblingsbuchstaben auf die Linie.
2. Male darum herum Gegenstände und Tiere, deren Namen mit diesem Buchstaben beginnen.

A B C D E F G H I J K L M N O P Q R S T U V W X Y Z

____

→ Das Handzeichen-Alphabet

Ziel der Methode
aktives und kreatives Aneignen der Buchstaben

Einsatzmöglichkeiten
Die Methode kann einerseits als Einstieg genutzt werden, sie lässt sich aber auch als Auflockerung während des Unterrichts und als Abschluss einer Unterrichtsstunde einsetzen.

Material
Kopiervorlage

Vorbereitung
Kopiervorlage vervielfältigen

Sozialform(en)	Stufe
Einzelarbeit/Partnerarbeit/Klassenverband	3–4

Beschreibung
Eine Möglichkeit, abwechslungsreich mit Buchstaben zu arbeiten, ist das Formen von Wörtern nach einem Handzeichen-Alphabet (siehe Kopiervorlage). Als Einstieg formt die Lehrkraft mithilfe des Handzeichen-Alphabetes ein einfaches Wort und lässt die Kinder erraten, um welches es sich handelt.
Anschließend erhalten alle Kinder das Handzeichen-Alphabet bzw. dieses hängt gut sichtbar im Klassenraum aus. Einzelne Kinder formen Wörter mithilfe ihrer Hände und die anderen Kinder ihrer Gruppe oder der gesamten Lerngruppe versuchen, sie zu entziffern. Diese Aufgabe kann auch in Partnerarbeit bearbeitet werden.

Tipp Üben Sie die Buchstaben des Handzeichen-Alphabetes regelmäßig, z. B. in Form eines festen Elements „Der Buchstabe des Tages“.

Variante Die Kinder denken sich Möglichkeiten aus, wie sie mithilfe ihres gesamten Körpers Buchstaben formen können. Dies präsentieren sie dann vor der Lerngruppe.

Kopiervorlage

Handzeichen-Alphabet

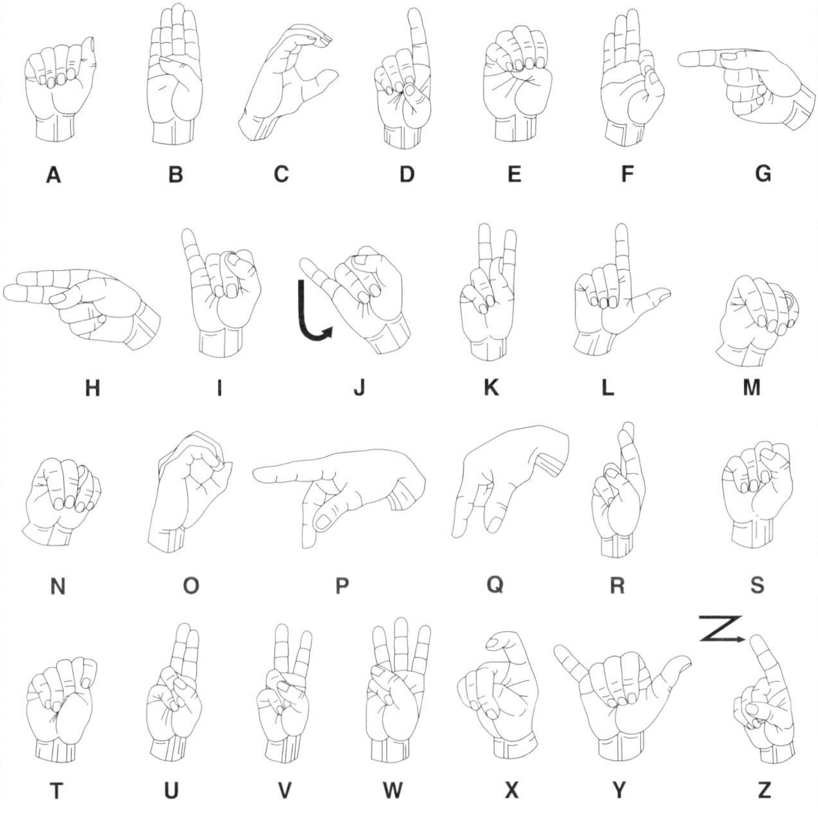

Shutterstock © Basheera Designs

→ Silben aktiv darstellen

Ziel der Methode
Kennenlernen und Anwenden der Einheit „Silbe"

Einsatzmöglichkeiten
Die Methode kann im Rechtschreibunterricht einerseits als Einstieg eingesetzt werden, sie lässt sich aber auch als Auflockerung während des Unterrichts und als Abschluss einer Unterrichtsstunde einsetzen.

Material
Kopiervorlage

Vorbereitung
Kopiervorlage vervielfältigen

Sozialform(en)
Einzelarbeit/Partnerarbeit

Stufe
3–4

Beschreibung
Eine Möglichkeit zur Förderung der phonologischen Bewusstheit ist die Durchführung von Silbengliederungsübungen. Die Kinder lernen dabei, Wörter in Silben zu untergliedern. Die Lehrkraft klatscht mit den Kindern gemeinsam Wörter in Silben. Sie spricht dabei deutlich – und ggf. in verschiedenen Stimmlagen, so etwa als Katze, als Riese, als Maus usw.
Anschließend betrachtet die Lehrkraft mit den Kindern zusammen die Kopiervorlage. Es wird besprochen, wie man Silbengrenzen aktiv durch Körperbewegungen verdeutlichen kann. Fordern Sie die Kinder auf, eigene Vorschläge zu machen. Diese halten die Kinder in Einzel- oder Partnerarbeit auf der Kopiervorlage fest.

Tipp Üben Sie das Klatschen und Tanzen von Silben regelmäßig mit den Kindern. Es erleichtert ihnen das Schreiben von Wörtern.

Variante Stampfen Sie Silben, flüstern Sie diese oder schleichen Sie sie – die Variationsmöglichkeiten der Übung sind grenzenlos.

Kopiervorlage

Silben in Wörtern verdeutlichen

Wie kannst du Silben mit dem Körper darstellen?
Zeige es vor der Klasse.
Male deine Möglichkeiten auf.

Alexandra von Plüskow-Kaminski | Das schnelle Methoden 1x1 Deutsch | Illustrationen: Liliane Oser

→ Pantomime: Hier sitzt der Laut

Ziel der Methode
Sensibilisierung für das Thema Anfangs-, End- und Mittellaut

Einsatzmöglichkeiten
Die Methode kann einerseits als Einstieg in das Thema „Position von Lauten" genutzt werden, sie lässt sich aber auch als Auflockerung während des Unterrichts und als Abschluss einer Unterrichtsstunde einsetzen.

Material
Buchstabenkarten

Vorbereitung
keine

Sozialform(en)	Stufe
Klassenverband	1–2

Beschreibung
Die Lehrkraft spricht ein Wort deutlich aus und zeigt den Kindern dazu den passenden Anfangsbuchstaben in Form einer Buchstabenkarte: also ein *A* bei *Apfel*. Hierzu greift sie mit der Hand hoch über sich in die Luft und lässt die Kinder die Bewegung mitmachen: Der Laut steht am Anfang.
Nun spricht die Lehrkraft das Wort *Lampe* deutlich und fragt, wo der Laut *A* sitzt. Da er in der Mitte sitzt, streckt sie die Hand gerade vor ihrem Bauch aus. Schließlich spricht die Lehrkraft das Wort *Sofa*. Wo sitzt der Laut *A*? Er sitzt am Ende, also bückt die Lehrkraft sich und berührt mit der Hand den Boden. Die Kinder machen dies mit.

Tipp Streuen Sie diese Übung möglichst oft in den Unterricht ein. Die Kinder können sie auch gut eigenständig in der Freiarbeit durchführen.

Variante Sie können die Übung auch „verschriftlichen", indem die Schülerinnen und Schüler mithilfe einer „Ampel" entscheiden, ob der Laut ganz oben, in der Mitte oder unten sitzt.

→ Rechtschreibstrategien

Ziel der Methode
Rechtschreibstrategien anwenden

Einsatzmöglichkeiten
Die Methode eignet sich dazu, den Schülerinnen und Schülern das eigenständige Operieren mit Rechtschreibstrategien zu ermöglichen. Eingesetzt werden sollte diese Methode regelmäßig.

Material
Lernplakat (siehe Kopiervorlage)

Vorbereitung
Lernplakat erstellen (siehe Kopiervorlage)

Sozialform(en)
Einzelarbeit

Stufe
2–4

Beschreibung
Die Lehrkraft hängt das Lernplakat „Rechtschreibstrategien" gut sichtbar im Klassenraum auf und bespricht mit den Schülerinnen und Schülern immer wieder die dort abgebildeten Strategien. Außerdem trainiert sie die Strategien mit der gesamten Lerngruppe und von Zeit zu Zeit auch mit einzelnen Schülerinnen und Schülern. Dies kann beispielsweise in Form von Dosendiktaten (vgl. Seite 45) geschehen.

Tipp Legen Sie gemeinsam mit den Schülerinnen und Schülern Wörtersammlungen an, in die Wörter zu allen drei Rubriken (Mitsprechen, Verlängern/Ableiten, Merken) aufgenommen werden.

Variante Reflektieren Sie regelmäßig – etwa am Anfang einer Stunde – über das „Wort des Tages". Erörtern Sie dabei zusammen mit den Schülerinnen und Schülern, zu welcher Wörterrubrik (Mitsprechen, Verlängern/Ableiten, Merken) es gehört.

Kopiervorlage

Rechtschreibstrategien

Mitsprechen
Viele Wörter schreibt man so, wie man sie spricht:
der Besen, malen, rot

Das deutliche Sprechen in Silben hilft dir beispielsweise aber auch bei folgenden Wörtern:
– Wörter mit doppeltem Mitlaut: *der Ham-mer, stel-len, star-re*
– Wörter mit Dehnungs-h: *die Re-he, dre-hen*

Verlängern oder Ableiten
Es gibt Wörter, bei denen du die Schreibweise beim deutlichen Sprechen nicht hören kannst. Hier musst du Strategien anwenden, um herauszufinden, wie man sie schreibt:
– *gro**b*** oder *gro**p***? Verlängern: *der gro**b**e Stoff*
*die Wan**d*** oder *die Wan**t***? Verlängern: *die Wän**d**e*
*klu**g*** oder *klu**k***? Verlängern: *der klu**g**e Satz*
– *die Bl**ä**tter* oder *die Bl**e**tter*? Ableiten: *das Bl**a**tt*
– *die B**äu**che* oder *die B**eu**che*? Ableiten: *der B**au**ch*

Merken
Manche Wörter musst du dir merken:
Wörter mit doppeltem Selbstlaut: *der T**ee**, das M**oo**r, der **Aa**l*

→ Abschreiben

Ziel der Methode
Anwenden orthografischer Kenntnisse

Einsatzmöglichkeiten
Die Methode eignet sich dazu, orthografische Kenntnisse gezielt anzuwenden und zu trainieren. Sie kann auch im fächerverbindenden Kontext angewendet werden.

Material
Textvorlage

Vorbereitung
Textvorlagen zusammenstellen

Sozialform(en)
Einzelarbeit

Stufe
1–4

Beschreibung
Methodisch richtig umgesetzt, ist das Abschreiben eine wertvolle Übung, die den Schülerinnen und Schülern bei der Anwendung und Umsetzung orthografischer Kenntnisse hilft.
Die Lehrkraft leitet die Kinder im Gespräch an, die folgende Abschreibtechnik anzuwenden:

- Einen Satz oder einen Satzteil genau lesen.
- Die Augen schließen und sich den Satz in Gedanken vorsprechen.
- Den Satz oder Satzteil aufschreiben.
- Das Geschriebene kontrollieren.

Tipp Üben Sie die Abschreibtechnik immer wieder mit Ihren Schülerinnen und Schülern. Regelmäßiges Training fördert die orthografische Sicherheit.

Variante Die Schülerinnen und Schüler können, während sie sich den Satz in Gedanken vorsprechen, langsam durch den Klassenraum gehen.

Kopiervorlage

Abschreiben

Schreibe den Text sorgfältig ab. Denke dabei an die Abschreibtechnik.

So ein Wetter
Es könnte fast April sein. Heute Morgen schien die Sonne, mittags zogen dann dicke Wolken auf. Erst tröpfelte es, dann gab es ein kräftiges Gewitter. Am Nachmittag fegte ein Sturm um unser Haus. Nun fehlt nur noch ein Schneeschauer.

→ Dosendiktat

Ziel der Methode
Richtiges Aufschreiben von Sätzen/Texten aus der Erinnerung

Einsatzmöglichkeiten
Üben und Anwenden von Rechtschreibphänomenen

Material
Satzstreifen (siehe Kopiervorlage), Dosen, Scheren

Vorbereitung
Die Schülerinnen und Schüler lesen den Text und schneiden ihn in Papierstreifen.
Kontrollblatt mit vollständigem Text vorbereiten.

Sozialform(en)	Stufe
Einzelarbeit	2–4

Beschreibung
Das Überprüfen von Rechtschreibleistungen der Schülerinnen und Schüler findet heutzutage kaum mehr in Form eines klassischen Diktates statt. Vielmehr geht es darum, Kindern eine Motivation an die Hand zu geben, richtig zu schreiben. Hierfür eignet sich die alternative Methode Dosendiktat, die neben der Rechtschreibleistung auch die Konzentrations-, Ausdauer- und Merkfähigkeit der Schülerinnen und Schüler überprüft.
Die Kinder erhalten differenzierte Texte, die sie aus der Erinnerung aufschreiben sollen. Sie lesen diese Texte gut durch und zerschneiden sie anschließend in angegebene Satzstreifen. Diese Satzstreifen werden in der richtigen Reihenfolge umgedreht auf den Tisch gelegt. Nun nimmt das Kind den ersten Streifen, liest diesen gut durch und dreht ihn wieder um. Anschließend schreibt es das Gelesene aus der Erinnerung eigenständig auf. Es kontrolliert das Geschriebene mithilfe des Satzstreifens, steckt diesen in die Dose und geht zum nächsten Streifen über. Das Kind übt so lange, bis der Text komplett geschrieben wurde – oder bis eine zuvor vereinbarte Zeit abgelaufen ist.
Den vollständigen Text überprüfen die Kinder abschließend mithilfe des Kontrollblatts.

Tipps

- Halten Sie einzelne dieser Dosen für die Freiarbeit oder für differenzierende Aufgaben im Klassenraum bereit.
- Stellen Sie den Schülerinnen und Schülern Wörterbücher zur Verfügung.

Variante

Eine weitere Möglichkeit, das Schreiben nach Diktat zu üben, ist das Schleichdiktat:
Hierbei platziert jedes Kind seinen Diktattext an einem beliebigen Platz im Klassenraum. Von ihren Plätzen aus schleichen die Kinder zu ihren Texten, merken sich einen Teil davon, murmeln diesen beim Zurückgehen zu ihren Plätzen vor sich hin und schreiben ihn dort in ihre Schreibhefte.
Abschließend wird der eigene Text mithilfe des Diktattextes kontrolliert.

Kopiervorlage

Dosendiktat

1. Lies den Text genau.
2. Schneide die einzelnen Satzstreifen aus.
3. Lege die Satzstreifen in der richtigen Reihenfolge umgedreht vor dich hin.
4. Nimm den ersten Streifen und lies ihn genau.
5. Schließe deine Augen und sprich den Satz in Gedanken vor dich hin.
6. Schreibe den Satz auf.
7. Kontrolliere mithilfe deines Satzstreifens.
8. Stecke den Satzstreifen in die Dose.
9. Nimm nun den nächsten Streifen.

Mein Weg zur Schule

Heute fahre ich mit dem Roller zur Schule.

Auf dem Weg sehe ich eine Amsel im Baum sitzen.

Im Vorgarten spielt eine Katze.

Sie kommt zu mir gelaufen.

Ich darf sie streicheln.

Jetzt aber schnell!

Ich will nicht zu spät kommen!

→ Lese-Laden

Ziel der Methode
Dialog über ein Buch/einen Text

Einsatzmöglichkeiten
Die Methode ermöglicht es den Schülerinnen und Schülern, vor, während und nach der Lektüre eines Buches oder Textes in einen Dialog über das Gelesene einzutreten. Sie kann vor allem auch zur Differenzierung sowie in Freiarbeitsphasen zum Einsatz kommen.

Material
Lektüre, Kopiervorlagen, ggf. Pinnwand, Lesetagebuch usw.

Vorbereitung
Lektüre auswählen, Lese-Laden mit verschiedenen Angeboten einrichten (siehe Beschreibung), Kopiervorlagen vervielfältigen

Sozialform(en)	Stufe
Klassenverband	1–4

Beschreibung
Um ein Buch bzw. eine Geschichte erfassen und die Handlung sowie das Verhalten der Figuren usw. verstehen zu können, sollten sich die Kinder vor dem Lesen, während des Lesens und nach dem Lesen untereinander austauschen und gemeinsam mit der Lehrkraft reflektieren (Pre-, While- und Post-Reading):
Vor der Lektüre eines Buches bietet es sich an, sich über das Cover und den Klappentext auszutauschen. Bei einer Geschichte sollte die Überschrift als motivierendes Moment genutzt werden. Auch kann im Folgenden mithilfe von visuellen Impulsen gearbeitet werden: Die Lehrkraft aktiviert das Vorwissen der Schülerinnen und Schüler, indem sie beispielsweise passende Bilder zu Themen der Geschichte in die Stuhlkreismitte legt. Die Kinder sollen sich spontan zu den Bildern äußern.
Auch während der Lektüre sollte die Lehrkraft mit den Kindern im ständigen Dialog über die Geschichte bleiben. Sie kann etwa nach den Erfahrungen der Schülerinnen und Schüler mit den in der Geschichte vorkommenden Gegenständen oder Situationen fragen. Haben die Schülerinnen und Schüler etwas Ähnliches erlebt? Während des Lese-Erlebnisses sollten die Kinder stets die Mög-

lichkeit erhalten, sich auszutauschen. Genauso sollten sie Rückfragen stellen können, wenn sie etwas nicht verstanden haben. Wichtig ist, dass dies im direkten Austausch mit den Mitschülerinnen und Mitschülern geschieht – sodass die Lehrkraft sich aus dem Geschehen weitgehend zurückziehen kann.
Nach der Lektüre sollten alle Schülerinnen und Schüler die Gelegenheit haben, über das Gelesene nachzudenken. Gab es Schlüsselszenen, die ihnen besonders gefallen haben? Welche Charaktere fanden sie interessant, welche eher langweilig? War das Thema ansprechend für sie? Würden sie das Buch oder die Geschichte noch einmal lesen?

All diese Phasen vor dem Lesen, während des Lesens und nach dem Lesen können besonders effektiv in Form eines sogenannten Lese-Ladens aufgegriffen werden. Hierbei richtet die Lehrkraft in der Klasse eine Plattform für die Schülerinnen und Schüler ein, mit deren Hilfe sie in einen Dialog über das Gelesene treten können. Dies kann beispielsweise ein Pinnwand oder eine Tafel sein, die die Schülerinnen und Schüler nutzen, um ihre Ergebnisse zu präsentieren (beispielsweise ausgefüllte Kopiervorlagen). Des Weiteren liegt z. B. auf einem Tisch ein Lesetagebuch aus, in dem die Lernenden ihre Fragen und Anregungen zur Lektüre notieren und gleichsam Antworten von anderen Schülerinnen und Schülern hierzu erhalten können (ganz im Sinne des Schreibdialogs). Ergänzend zu den von der gesamten Klasse rezipierten Texte stellen außerdem die Lehrkraft oder einzelne Schülerinnen und Schüler weitere Texte als Differenzierung zur Verfügung. Auch eine Buchausstellung zu einem Kinderbuchautor kann hier organisiert werden.
Der Lese-Laden hat seinen festen Platz im Literaturunterricht der Klasse und wird gleichsam während der freien Arbeit sowie als Differenzierungsmöglichkeit genutzt.

Tipp Beginnen Sie zunächst in kleiner Form – mit wenigen Angeboten. Erst nach und nach sollte der Lese-Laden ergänzt werden.

Variante Erweitern Sie den Lese-Laden beispielsweise um den Flur vor dem Klassenzimmer, sodass auch andere Klassen, die das gleiche Buch gelesen haben, mit Ihrer Lerngruppe in Dialog treten können.

Kopiervorlage

Lesestart – vor der Lektüre

1. Betrachte das Cover des Buches genau.
   Notiere in den Gedankenblasen fünf Begriffe, die dir dazu durch den Kopf gehen.

2. Lies nun den Titel des Buches und gestalte ein eigenes Cover dazu.

Eine E-Mail an die Hauptfigur schreiben – während der Lektüre

Du hast das Kapitel ______________________________

im Buch ______________________________ gelesen.

Schreibe eine E-Mail an die Figur ______________________________.

Welche Fragen möchtest du ihr stellen?
Schreibe der Figur auch, was du denkst, was du für sie hoffst und wie du dir den weiteren Gang der Geschichte vorstellst.

____

____

____

____

____

____

____

____

____

____

____

____

Kopiervorlage

Geschafft! – nach der Lektüre

Du hast das ganze Buch ______________________________ gelesen.

1. Blättere das Buch durch. Welcher ist dein Lieblingssatz? Schreibe ihn auf.

   Mein Lieblingssatz: ______________________________

   ____

2. Welche Figur gefällt dir besonders gut? ______________________________

   Weshalb? ______________________________

   ____

3. Welche Figur magst du nicht so gerne? ______________________________

   Weshalb? ______________________________

   ____

4. Welcher Ort in der Geschichte gefällt dir gut?

   ____

5. Stell dir vor, wie die Figuren in einem Jahr leben könnten, und schreibe deine Ideen auf. Du kannst dazu auch ein Bild malen.

   ____

   ____

   ____

→ Text-Detektive

Ziel der Methode
Herausarbeiten wichtiger Textinformationen

Einsatzmöglichkeiten
Die Methode ermöglicht es den Schülerinnen und Schülern, einen Text gemeinsam zu durchleuchten und dadurch besser zu verstehen. Eingesetzt wird die Methode in Arbeitsphasen innerhalb einer Kleingruppenarbeit.

Material
Text, Kopiervorlage

Vorbereitung
Text und Kopiervorlage vervielfältigen

Sozialform(en)
Kleingruppen (bis zu vier Kinder)

Stufe
3–4

Beschreibung
Informationen in Texten aufzuspüren und herauszuarbeiten, macht Kindern Spaß, wenn sie als sogenannte Text-Detektive gemeinsam auf die Suche gehen. Dabei erlernen sie wichtiges Handwerkszeug für den Umgang mit Texten, das bei regelmäßigem Training eine wichtige Basis für künftige Textarbeit ist.
Text-Detektive stellen Fragen, daher werden gemeinsam die klassischen sechs W-Fragen gesammelt: Wer? Was? Wo? Wann? Wie? Weshalb? Hierfür hat die Lehrkraft beispielsweise Lupen mit den W-Fragen darauf vorbereitet, die sie nach und nach an die Tafel hängt.
Die Kinder werden in Kleingruppen eingeteilt. Sie benötigen einen Text sowie Schreibmaterial. Ein Kind ist die Leserin bzw. der Leser. Die anderen Kinder sind die Detektive. Die Leserin bzw. der Leser trägt den Text vor, die anderen hören gut zu und notieren sich nach dem Vortrag in Stichworten, welche Antworten sie auf die oben genannten Fragen finden. Anschließend erhält jedes Kind einen Text, alle lesen ihn gemeinsam und es werden die Antworten auf die W-Fragen im Text markiert. Daraufhin werden die Ergebnisse in der Gruppe besprochen. Sind noch Fragen offen, so können diese abschließend im Plenum geklärt werden.

Tipps

- Anfangs erhält jeder Detektiv nur eine W-Frage, auf deren Beantwortung er sich konzentrieren kann. Die Steigerung erfolgt schrittweise, bis jedes Kind schließlich auf alle sechs W-Fragen achtet.
- Platzieren Sie Merkkarten mit W-Fragewörtern (Wer? Was? Wo? Wann? Wie? Weshalb?) gut sichtbar im Klassenraum, beispielsweise als Plakat an der Wand. Durch diese visuelle Unterstützung fällt es schwächeren Schülerinnen und Schülern leichter, die Fragen zu formulieren.

Variante

Im Anschluss an die Textarbeit formuliert die Kleingruppe eine Frage oder auch mehrere Fragen zum Text und hält sie auf Karteikarten fest. Diese Karten dienen als Freiarbeitsmaterial für andere Gruppen, die sich mit dem Text beschäftigen.

Kopiervorlage

Mein Detektiv-Zettel

1. Höre die Geschichte genau an.
2. Notiere während des Vortrags, welche Informationen du erhältst.

WER? ______________________________

____

WAS? ______________________________

____

WO? ______________________________

____

WANN? ______________________________

____

WIE? ______________________________

____

WESHALB? ______________________________

____

3. Sprecht in der Gruppe über eure Ergebnisse.
4. Jetzt erhält jeder den Text. Lest ihn noch einmal gemeinsam und markiert darin die Antworten auf die Fragen.
5. Sind noch Fragen offen, so stellt ihr diese am Ende in der gesamten Lerngruppe.

Alexandra von Plüskow-Kaminski | Das schnelle Methoden 1x1 Deutsch | Illustrationen: Liliane Oser

→ Eine Geschichte erschließen: Think-Pair-Share

Ziele der Methode
Textverständnis sichern, die Fähigkeit zum Nacherzählen von Geschichten fördern

Einsatzmöglichkeiten
Die Methode kann eingesetzt werden, um mit den Schülerinnen und Schülern einen Text zu erarbeiten und ihn ggf. strukturiert nacherzählen zu lassen (siehe Variante).

Material
Text, Kopiervorlage

Vorbereitung
Text und Kopiervorlage vervielfältigen

Sozialform(en)	Stufe
Einzelarbeit, Partnerarbeit, Kleingruppen (bis zu vier Kinder)	3–4

Beschreibung
Zunächst führt die Lehrkraft die Vorgehensweise Think-Pair-Share in der Klasse ein. Dies kann beispielsweise mithilfe von sogenannten Murmelgesprächen erfolgen. Hierbei denkt jedes Kind für sich über eine zuvor festgelegte Thematik nach. Nach etwa drei Minuten tauscht es sich mit dem Nachbarn darüber aus. Abschließend stellen die Partner ihre Gedanken der gesamten Klasse vor.
Nachdem die Methode auf diese Weise trainiert wurde, wird schließlich ein Geschichtentext nach Think-Pair-Share erarbeitet: Zunächst lesen die Schülerinnen und Schüler den Text in Einzelarbeit. Dann treffen sie sich, sprechen über diesen und suchen Schlüsselbegriffe aus dem Text heraus.
Abschließend formulieren sie Quizfragen zum Text und stellen sie der gesamten Lerngruppe, etwa: Von welchem Mädchen handelt die Geschichte? Wann spielt die Geschichte? Zu welcher Jahreszeit spielt die Geschichte?

Variante Alternativ können die Schülerinnen und Schüler sechs bis acht Schlüsselwörter im Text suchen und farbig markieren. Sie erzählen dann mithilfe dieser Schlüsselwörter die Geschichte individuell nach.

Kopiervorlage

Eine Geschichte erschließen

1. Lies den Text für dich allein durch.
2. Tausche dich mit deiner Sitznachbarin oder deinem Sitznachbarn über die Geschichte aus. Was hat dir gefallen? Gibt es etwas, was du nicht verstanden hast?
3. Notiere acht Schlüsselbegriffe, die für die Geschichte besonders wichtig sind: etwa die Hauptfiguren, Orte, Gefühle, Farben …

____

____

____

____

____

____

____

____

4. Formuliere mit deiner Sitznachbarin oder deinem Sitznachbarn drei Quizfragen zum Text, die sich auf die Schlüsselbegriffe beziehen.

____

____

____

5. Stelle die Fragen in der Lerngruppe.

→ Lesespaziergang

Ziel der Methode
durch Lesen und Bewegung ein ganzheitliches Verstehen fördern

Einsatzmöglichkeiten
Die Methode eignet sich für alle Phasen des Leseunterrichtes. Sie motiviert und aktiviert die Kinder und verhilft zu einem Austausch über das Rezipierte.

Material
Text, CD, CD-Spieler

Vorbereitung
Text und Musik auswählen, CD-Spieler arrangieren

Sozialform(en)
Einzelarbeit/Klassenverband

Stufe
1–4

Beschreibung
Um das Gelesene besser zu begreifen, ist es sinnvoll, das Leseerlebnis ganzheitlich mit Bewegung zu verknüpfen. Hierfür gibt es zahlreiche Möglichkeiten, die sich in der Regel ohne größeren Aufwand umsetzen lassen.
Eine Möglichkeit des bewegten Lesens ist der Lesespaziergang. Die Schülerinnen und Schüler lesen den Text an einem Ort im Klassenraum, den sie sich selbst aussuchen. Dort machen sie es sich bequem. Nach einer kurzen Zeit der Ruhe – etwa nach drei Minuten – stellt die Lehrkraft meditative Musik an und die Schülerinnen und Schüler bewegen sich langsam und ohne sich gegenseitig anzurempeln mit ihrem Text in der Hand durch den Raum, bis die Musik stoppt. Dann lesen sie weiter. Während des Spaziergangs haben sie die Möglichkeit, über das Gelesene nachzudenken. Die Schülerinnen und Schüler, die den Text komplett gelesen haben, setzen sich leise an ihre Plätze und bearbeiten eine zuvor besprochene Aufgabe – etwa im Lesetagebuch. Die anderen Schülerinnen und Schüler unternehmen den Lesespaziergang so lange, bis sie den Text ganz gelesen haben.

Tipp Für den Lesespaziergang sollten feste Regeln verbindlich abgesprochen werden, z. B.:

- Es muss sich um ein leises Spazierengehen handeln.
- Außerdem wird kein Kind angerempelt oder geärgert.

Auch die Konsequenzen, die anstehen, wenn sich einzelne Kinder nicht an die Regeln halten, sollten benannt werden.

Variante Alternativ können sich die Schülerinnen und Schüler nach dem Lesen während eines kleinen Spaziergangs durch den Klassenraum über das Gelesene austauschen. Dies sollte in Partnerarbeit in Form eines Murmelgespräches erfolgen. Achten Sie in der Phase der Murmelgespräche darauf, dass die Schülerinnen und Schüler sich tatsächlich in geringer Lautstärke miteinander austauschen.

→ Einen Text in szenisches Spiel umsetzen

Ziel der Methode
Durchdringen eines Textinhalts durch kreative, szenische Umsetzung

Einsatzmöglichkeiten
Die Methode lässt sich nach dem Lesen eines Textes in Gruppenarbeit einsetzen.

Material
Texte bzw. Kopiervorlage

Vorbereitung
Karteikarten gestalten (Kopiervorlage)

Sozialform(en)
Partner-/Gruppenarbeit

Stufe
1–4

Beschreibung
Gelesenes lässt sich mithilfe des szenischen Spiels in Körperbewegungen bzw. Mimik umsetzen. Um dies zu üben, werden die Schülerinnen und Schüler in Kleingruppen eingeteilt und erhalten auf Karteikarten zunächst kurze Textabschnitte, die einzelne Szenen in wenigen Sätzen beschreiben. Reihum zieht ein Kind eine Karte, liest den Textabschnitt und setzt den Inhalt dann spielerisch um. Die anderen Gruppenmitglieder erraten, was gerade vorgespielt wurde.
Nach und nach lassen sich so ganze Geschichten und Gedichte in Partner- oder Gruppenarbeit szenisch umsetzen.

Tipps

- Planen Sie in regelmäßigen Abständen Sequenzen des szenischen Spiels als Umsetzung von Texten im Literaturunterricht ein, am besten zu festen Zeiten.
- Stellen Sie den Schülerinnen und Schülern Requisiten zur visuellen Unterstützung des Gespielten zur Verfügung.

Variante
Lassen Sie die Kinder selbst Karten mit Spielanweisungen formulieren. Hierfür sollten Sie Blanko-Karten bereithalten.

Kopiervorlage

Der Hund sprang vor Freude in die Luft. Er bellte laut und drehte sich um sich selbst.

Der Löwe streckte sich. Er gähnte und stand langsam – Bein für Bein – auf. Ruhig trottete er zu seinem Napf und sah nach, was es zu fressen gab.

Die kleine Maus huschte vorwärts. Sie versteckte sich hinter einem Stein.

Die Schlange schlängelte sich vorwärts. Dabei schnellte ihre Zunge zischend aus dem Maul.

Opa setzte die Brille ab. Er putzte sie mit einem Tuch. Dabei hauchte er auf die Gläser und wischte nach. Dann setzte er seine Brille wieder auf.

Die Frau nahm ein Buch. Sie schlug es langsam auf, suchte eine Seite. Dann las sie aufmerksam.

Der Gärtner schnitt die Hecke. Er grub das Beet mit dem Spaten um und goss die Blumen mit der Gießkanne.

Der Koch schnitt die Zwiebeln klein. Dabei kamen ihm immer wieder die Tränen. Er rieb sich die Augen. Er gab die Zwiebeln in einen Topf und rührte um.

Die Lehrerin schrieb einen Satz an die Tafel. Sie drehte sich zur Klasse um und nahm ein Kind dran, indem sie auf es zeigte. Die Antwort des Kindes war richtig.

Der Junge spielte Fußball. Dann war er durstig. Er nahm sich seine Trinkflasche und trank gierig daraus.

Kopiervorlage

Ein Gedicht szenisch umsetzen

Morgenmusik
James Krüss

Morgens, wenn der Tag beginnt
und die Vögel munter sind,
hört man manche Hasen
die Trompeten blasen.
Sie schmettern, tättärätt,
die Schläfer aus dem Bett.

Morgens, wenn der Tag erwacht
und die Sonne scheint und lacht,
spielen manche Katzen
Geige mit den Tatzen.
Sie geigen, vigelei,
das Mausevolk herbei.

Morgens, wenn der Tag beginnt
und die Sonne Kraft gewinnt,
fängt man bei den Tieren
an zu musizieren.
Dann tönt in Wald und Feld
das Morgenlied der Welt.

Text: Krüss, James / Copyright: Ueberreuter Verlag, Berlin.

1. Lies das Gedicht für dich allein.
2. Lest das Gedicht dann in der Kleingruppe. Jeder liest eine Strophe laut vor.
3. Sprecht über das Gedicht: Was fällt euch auf?
4. Spielt das Gedicht nach. Welche Rollen benötigt ihr? Ein Kind ist der Sprecher.
5. Spielt das Gedicht vor der Klasse vor.
6. Male auf einem extra Blatt ein Bild zu dem Gedicht.

→ Bewegungsgeschichte

Ziel der Methode
durch Lesen und Bewegung ein ganzheitliches Verstehen fördern

Einsatzmöglichkeiten
Die Methode wird idealerweise während der Erarbeitungsphase eines Textes eingesetzt.

Material
Text

Vorbereitung
geeigneten Text auswählen

Sozialform(en)
Klassenverband

Stufe
1–4

Beschreibung
Die Lehrkraft liest eine Geschichte vor. Danach werden zusammen mit der Lerngruppe für bestimmte Wörter, die in der Geschichte vorkommen, Bewegungen festgelegt, z. B.:
laufen – mit den Füßen auf den Boden trappeln
singen – den Kopf zurücklegen und den Mund zum Singen bewegen
lachen – sich den Bauch halten und lautlos lachen
Wald – aufstehen und die Arme nach oben strecken
Ball – aufstehen und hüpfen
Sonne – mit den Armen einen Kreis formen

Nun trägt die Lehrkraft die Geschichte erneut vor. Die Schülerinnen und Schüler führen, sobald eines der Wörter genannt wird, die dazu passende Bewegung aus.

Tipp Üben Sie die Bewegungen, indem Sie ein Bewegungs-Quiz spielen. Einzelne Kinder machen die Bewegungen vor, die anderen benennen, für welches Wort diese stehen.

Variante Setzen Sie diese Technik auch beim Erlernen eines Gedichtes ein. Die Bewegungen unterstützen das Auswendiglernen.

→ Ein Hörstück zu einem Text gestalten

Ziel der Methode
ein Hörspiel entwerfen

Einsatzmöglichkeiten
Nach dem Rezipieren eines Textes: Die Schülerinnen und Schüler setzen während der Arbeitsphase einen Textteil in Form eines Hörstückes um.

Material
Texte, Kopiervorlage, Technik zum Aufnehmen des Stücks

Vorbereitung
geeigneten Text auswählen, Aufnahmetechnik bereitstellen, Kopiervorlage vervielfältigen

Sozialform(en)
Kleingruppen

Stufe
3–4

Beschreibung
Das Verfassen eines Hörstücks zu einem Text ist eine gute Ergänzung zur szenischen Darstellung eines Textes (vgl. Seite 60). Die Schülerinnen und Schüler überlegen in Kleingruppen, welche Textinhalte für das Hörstück relevant sind. Sie verfassen kurze Dialoge sowie Regieanweisungen – und nehmen das Hörspiel auf. Unterstützt werden kann dies durch passende Geräusche.

Tipp Um Hörstücke effektiv zu gestalten, sollten Sie das Thema „Hörbücher und Hörspiele" bewusst in den Unterricht einbeziehen: Wählen Sie bekannte Stücke der Kinderliteratur aus, die einerseits als Audio-Lesung und andererseits als Hörspiel zur Verfügung stehen. Arbeiten Sie gemeinsam mit den Schülerinnen und Schülern Gemeinsamkeiten und Unterschiede der Fassungen heraus (so etwa: Astrid Lindgren: *Ronja Räubertochter*. Oetinger Audio).

Variante Erarbeiten Sie ein Hörstück mit der gesamten Klasse im fächerverbindenden Musik- und Deutschunterricht. Hierbei können Sie beispielsweise Orff-Instrumente hinzuziehen.

Kopiervorlage

Eine Hörspielszene gestalten

1. Lest den Text in der Kleingruppe gemeinsam durch.
2. Welche Schlüsselwörter findet ihr? Markiert diese farbig.
3. Entwerft einen Sprechertext und verschiedene Rollentexte und schreibt sie auf.

4. Benötigt ihr Geräusche für eure Hörspielszene? Überlegt gemeinsam, wie ihr diese gestalten könnt. Denkt auch an Regieanweisungen und macht euch dazu Notizen.

5. Führt eure Hörspielszene anschließend der Lerngruppe vor oder nehmt sie auf.

→ Einen Comic zu einem Text gestalten

Ziel der Methode
individuelles kreatives Umsetzen einer Geschichte

Einsatzmöglichkeiten
Nach dem Rezipieren eines Textes dient das Zeichnen eines Comics der individuellen Reflektion des Gelesenen.

Material
Text, Kopiervorlage, Malstifte

Vorbereitung
Text und Kopiervorlage vervielfältigen

Sozialform(en)
Einzel-/Partnerarbeit

Stufe
3–4

Beschreibung
Einige Schülerinnen und Schüler lesen gerne Comics. Der Literaturunterricht lässt sich bei diesem Thema somit gut mit ihren Alltagserfahrungen verknüpfen. Die bildhafte Umsetzung eines Textes eröffnet den Kindern zudem individuelle Zugänge zum Gelesenen: Indem sie einen Comic zu einer Geschichte gestalten, nehmen sie ihren Inhalt auf. Außerdem können sie die Handlung über das Ende der Geschichte hinaus fantasievoll weitergestalten.
Die Schülerinnen und Schüler lesen den jeweiligen Text entweder individuell oder gemeinsam im Klassenverband. Sie entwickeln aus den Inhalten in Einzel- oder Partnerarbeit einen Comic. Dieser Comic wird gezeichnet und mit schriftlichen Äußerungen wie etwa Denk- und Sprechblasen sowie Bildunterschriften versehen. Abschließend werden die Comics im Klassenverband vorgestellt.

Tipps
- Das Thema Comic kann auch fächerverbindend im Deutsch- und Kunstunterricht aufgegriffen werden.
- Gestalten Sie in Ihrer Klasse eine Comic-Ecke: In Form einer Wandzeitung werden die entstandenen Comics dort veröffentlicht und präsentiert.

Material / Kopiervorlage

Einen Comic gestalten

1. Lies die Geschichte.
2. Überlege dann, wie du die Geschichte als Comic erzählen könntest. Welche Situationen sind wichtig? Notiere sie.

____

____

____

____

3. Zeichne deinen Comic in die Kästchen und füge Sprech- oder Denkblasen sowie Bildunterschriften hinzu.
4. Zeichne in das letzte Kästchen, wie die Geschichte weitergehen kann.

Mein Comic zu: ______________________________

→ Eine SMS-Unterhaltung entwerfen

Ziele der Methode
handlungs- und produktionsorientiertes Erschließen einer Geschichte, Förderung der Empathiefähigkeit

Einsatzmöglichkeiten
Die Methode ermöglicht es jedem Einzelnen, sich nach der Lektüre eines Textabschnittes individuell mit dem Gelesenen auseinanderzusetzen.

Material
Text, Kopiervorlage

Vorbereitung
geeignete Textstelle heraussuchen, Kopiervorlage vervielfältigen

Sozialform(en)	*Stufe*
Einzelarbeit/Kleingruppen	3–4

Beschreibung
Eine handlungs- und produktionsorientierte Methode der Textarbeit, die den Umgang mit den heutigen Medien aufgreift, ist das Formulieren einer SMS anstelle einer Figur aus dem Text. Daraus lässt sich weiterführend ein SMS-Dialog zwischen zwei oder auch mehreren Figuren der Geschichte entwickeln.
Die Schülerinnen und Schüler lesen die betreffende Textstelle. Gemeinsam entwickeln sie danach den Dialog per SMS mithilfe der Kopiervorlage.

Tipp Sprechen Sie mit den Kindern über den Umgang mit Handys. Benennen Sie die Vorteile, aber auch die Nachteile. Erarbeiten Sie gemeinsam eine Handy-Sprache für SMS, etwa: Abkürzungen für Wörter, Stichpunkte, Emoticons.

Variante Lassen Sie einen Teil der Lerngruppe einen Dialog per SMS verfassen, die übrigen Schülerinnen und Schüler schreiben einen ausführlichen Brief aus der Sicht einer Hauptfigur. Anschließend werden die Texte im Plenum verglichen. Was fällt den Schülerinnen und Schülern auf? Halten Sie die Ergebnisse gemeinsam mit ihnen fest.

Kopiervorlage

Eine SMS-Unterhaltung entwerfen

1. Lies die Textstelle.
2. Welche Figuren unterhalten sich nun per SMS über das Geschehene? Notiere.

___

3. Entwerft in der Kleingruppe eine SMS-Unterhaltung und tragt sie in die Sprechblasen ein.
4. Lest eure Unterhaltung in der Lerngruppe vor.

→ Mein Sprachenpass

Ziel der Methode
individuelles Erschließen der eigenen Sprachbiografie

Einsatzmöglichkeiten
wenn das Thema „unterschiedliche Sprachen" erstmals thematisiert wird

Material
Kopiervorlage

Vorbereitung
Kopiervorlage vervielfältigen

Sozialform(en)	*Stufe*
Einzelarbeit/Partnerarbeit/Gruppenarbeit	2–4

Beschreibung
Der heutige Sprachunterricht setzt das Kind als Lernenden in den Mittelpunkt und lässt es die Sprache erforschen. Eine erste Erkenntnis hierfür liefert das Auseinandersetzen mit Sprache an sich. Wofür brauche ich Sprache? Welche Sprache/n kenne ich? Welche Sprachen spricht meine Familie? Welche Sprachen möchte ich einmal lernen? Und: Wie heißt beispielsweise der Begriff „Hund" auf Englisch, Französisch usw.? Die Lehrkraft legt dazu Wortkarten mit dem Begriff in verschiedenen Sprachen aus: Hund (Deutsch), dog (Englisch), chien (Französisch), cane (Italienisch), perro (Spanisch), köpek (Türkisch). Die Schülerinnen und Schüler erzählen über eigene Erfahrungen mit verschiedenen Sprachen. Die Lehrkraft leitet nun über zum Sprachenpass und erläutert ihn. Daraufhin füllen die Kinder ihn eigenständig aus und besprechen ihre Antworten anschließend mit einem Partner. Dieser stellt einige Ergebnisse daraus innerhalb einer Gruppe aus sechs Schülerinnen bzw. Schülern vor.

Tipps
- Informieren Sie sich vor dem Einsatz der Methode über die Sprachenbiografien Ihrer Schülerinnen und Schüler.
- Beziehen Sie eigene sprachliche Kenntnisse bewusst durchgehend in den Alltagsunterricht ein.
- Bitten Sie ggf. mehrsprachige Bekannte oder auch Elternteile, in die Klasse zu kommen und über ihre Sprache und Kultur zu berichten.

Kopiervorlage

Mein Sprachenpass

1. Fülle den Sprachenpass aus.
2. Tauscht euch zu zweit über eure Ergebnisse aus.
3. Findet euch mit zwei weiteren Paaren zusammen und tauscht euch über eure Antworten aus.

Ich spreche diese Sprache/diese Sprachen:

___

Zu Hause sprechen wir diese Sprache/diese Sprachen:

___

Im Urlaub habe ich schon diese Sprache/diese Sprachen gehört:

___

Diese Sprache/diese Sprachen möchte ich einmal lernen:

___

Ich kenne diese Wörter in anderen Sprachen:

___

___

Wenn ich eine Fantasiesprache entwerfen könnte, dann würde ich die folgenden Wörter erfinden:

___

___

→ Reimpaare bilden

Ziel der Methode
Sensibilisierung für Reime

Einsatzmöglichkeiten
Die Methode kann einerseits allgemein für den Einstieg in den Unterricht genutzt werden, sie lässt sich aber auch als Auflockerung während des Unterrichts und als Abschluss einer Unterrichtsstunde einsetzen.

Material
Wortkarten zu Reimwörtern (Kopiervorlage)

Vorbereitung
Wortkarten vorbereiten (Kopiervorlage)

Sozialform(en)
Klassenverband

Stufe
1–2

Beschreibung
Jedes Kind erhält eine Wortkarte. Die Kinder gehen anschließend ruhig durch das Klassenzimmer und flüstern sich gegenseitig ihr Wort zu. Hat sich ein Reimpaar gefunden, so setzen sich die betreffenden Kinder auf ihren Platz.

Tipp Mithilfe der gefundenen Reime kann weitergereimt werden: Die Paare stellen sich nach dem Spiel der Lerngruppe vor, die anderen Kinder entwickeln hierzu spontan weitere Reimwörter.

Variante Sie können auch Dreier- oder Vierer-Reimgruppen entwerfen. Die jeweilige Anzahl von Reimwörtern sollten Sie den Kindern vor dem Spiel allerdings mitteilen.

Kopiervorlage

Schwein	Bein
Bank	Schrank
Buch	Tuch
Tasche	Flasche
Topf	Kopf
Sonne	Tonne
Fisch	Tisch
Seife	Pfeife
Ball	Knall
Tee	See
Rose	Hose
Dose	Wanne
Tanne	Kanne

→ Wo ist mein Begleiter?

Ziel der Methode
spontanes und sicheres Zuordnen von Begleitern

Einsatzmöglichkeiten
Die Methode kann einerseits für den Einstieg in das Thema „Nomen“ genutzt werden, sie lässt sich aber auch als Auflockerung während des Unterrichts und als Abschluss einer Unterrichtsstunde einsetzen.

Material
Wortkarten, ruhige Musik, CD-Spieler

Vorbereitung
Musik heraussuchen, CD-Spieler arrangieren

Sozialform(en)
Klassenverband

Stufe
2–3

Beschreibung

Im Klassenraum hängt an drei verschiedenen Orten jeweils eine Wortkarte mit einem Begleiter (*der*, *die* und *das*). Jedes Kind erhält einen Stapel mit etwa fünf Wortkarten, auf denen Namenwörter stehen. Die Lehrkraft spielt leise und ruhige Musik ein, zu der sich die Kinder im Klassenraum bewegen. Stoppt die Musik, ziehen die Schülerinnen und Schüler jeweils eine Wortkarte aus dem Stapel und lesen das Wort. Daraufhin gehen sie zu dem dazu passenden Begleiter und heften ihre Wortkarte dort an. Das Spiel wird so lange wiederholt, bis alle Wortkarten aufgehängt wurden.

Tipp Hängen Sie im Klassenraum ein Poster auf, auf dem die Begleiter zum Merken verschriftlicht sind.

Variante Die Kinder können dieses Spiel mithilfe der Wortkarten auch eigenständig während der freien Arbeit spielen.

→ Paare finden: Namenwörter

Ziel der Methode
die Bildung zusammengesetzter Namenwörter üben

Einsatzmöglichkeiten
Die Methode kann zur Weiterführung des Themas „Nomen" eingesetzt werden.

Material
Kopiervorlage

Vorbereitung
Kopiervorlage vervielfältigen

Sozialform(en)	Stufe
Klassenverband	3–4

Beschreibung
Jedes Kind erhält eine Wortkarte mit einem Namenwort darauf. Dann gehen alle ruhig durch den Klassenraum und flüstern sich gegenseitig ihr Wort zu. Lassen sich zwei Wörter zu einem Namenwort zusammenfügen, so schreiben die betreffenden Kinder dieses an die Tafel und stellen sich dazu.

Variante Nachdem alle Schülerinnen und Schüler ihren Partner gefunden haben, schreiben sie zu zweit ihre selbst ausgedachten „Top 10" der zusammengesetzten Namenwörter auf.
Hierbei dürfen sie auch kreativ werden und die Küchenlampe zum Küchenlampenschalter machen.

Kopiervorlage

Buch	Seite
Feder	Mappe
Tee	Tasse
Blumen	Vase
Tisch	Bein
Stern	Bild
Fuß	Ball
Papier	Flieger
Kinder	Zimmer
Auto	Reifen
Kaffee	Maschine
Haus	Tür
Fenster	Bank

→ Satzteilpuzzle

Ziel der Methode
Sensibilisierung für das Bilden von Sätzen

Einsatzmöglichkeiten
Die Methode kann einerseits als Einstieg genutzt werden, sie lässt sich aber auch als Auflockerung während des Unterrichts und als Abschluss einer Unterrichtsstunde einsetzen.

Material
Kopiervorlage

Vorbereitung
Kopiervorlage vervielfältigen

Sozialform(en)
Klassenverband

Stufe
3–4

Beschreibung
Die Lehrkraft teilt Papierstreifen mit Satzteilen an die Kinder aus. Ein Kind geht nach vorne und liest seinen Satzteil vor. Ein anderes Kind, welches meint, dass sein Satzteil gut dazu passt, meldet sich und stellt sich daneben. Es liest seinen Satzteil vor. Nach und nach entsteht ein Satz. Ist ein Satz vollständig, so wird er an die Tafel geheftet.

Tipp Lassen Sie die Sätze an der Tafel hängen und heften Sie leere Papierstreifen darunter, sodass Kinder, die mit anderen Aufgaben fertig sind, diese ausfüllen und auf diese Weise eigene Satzteile bzw. einen eigenen Satz kreieren können.

Variante Mithilfe dieser Satzteilstreifen können Sie auch das Umstellen von Satzteilen üben (Umstellprobe).

Kopiervorlage

die Oma	hüpft
das Auto	den Apfel
der Hund	das Haus
die Karotte	die Krabbe
das Pferd	den Ball
wiehert	der Bademeisterin
putzt	laut
saust	mir
meckert	um die Ecke
gibt	ins Wasser

Ratgeber und Praxishilfen

Kreative Impulse und konkrete Unterstützung

- **Ratgeber** zu allen aktuellen Themen rund um Ihren Unterrichts- und Schulalltag
- **Fachliteratur** zur Methodik und Didaktik – für angehende sowie für erfahrene Lehrkräfte
- **Methodenbücher**, (Lern-)Spiele und Rätselsammlungen – auch fachübergreifend
- **Kopiervorlagen** zu allen gängigen Lehrplanthemen, Kompetenzbereichen und für Vertretungsstunden

Online mehr erfahren:
crnl.sn/unterrichtshilfen